BEI GRIN MACHT SICH IHR WISSEN BEZAHLT

- Wir veröffentlichen Ihre Hausarbeit, Bachelor- und Masterarbeit

- Ihr eigenes eBook und Buch - weltweit in allen wichtigen Shops

- Verdienen Sie an jedem Verkauf

Jetzt bei www.GRIN.com hochladen und kostenlos publizieren

Bibliografische Information der Deutschen Nationalbibliothek:

Die Deutsche Bibliothek verzeichnet diese Publikation in der Deutschen National-
bibliografie; detaillierte bibliografische Daten sind im Internet über http://dnb.d-
nb.de/ abrufbar.

Impressum:

Copyright © 2008 GRIN Verlag, Open Publishing GmbH
Druck und Bindung: Books on Demand GmbH, Norderstedt Germany
ISBN: 9783640521722

Dieses Buch bei GRIN:

http://www.grin.com/de/e-book/143661/sozialkonstruktivismus-als-theorie-der-
internationalen-beziehungen

Nelly Eliasberg

Sozialkonstruktivismus als Theorie der Internationalen Beziehungen

GRIN Verlag

GRIN - Your knowledge has value

Der GRIN Verlag publiziert seit 1998 wissenschaftliche Arbeiten von Studenten, Hochschullehrern und anderen Akademikern als eBook und gedrucktes Buch. Die Verlagswebsite www.grin.com ist die ideale Plattform zur Veröffentlichung von Hausarbeiten, Abschlussarbeiten, wissenschaftlichen Aufsätzen, Dissertationen und Fachbüchern.

Besuchen Sie uns im Internet:

http://www.grin.com/

http://www.facebook.com/grincom

http://www.twitter.com/grin_com

Christian-Albrechts-Universität zu Kiel

Institut für Sozialwissenschaften – Politikwissenschaft

Basisseminar: Internationale Beziehungen

Schriftliche Ausarbeitung zum Referat: Sozialkonstruktivismus

Nelly Eliasberg

WS 2007/2008

I. Was ist Sozialkonsruktivismus?

I.1. Die Welt als soziales Konstrukt - Der Grundgedanke des Konstruktivismus

Bevor man sich mit Sozialkonstruktivismus beschäftigt, muss man sich den Begriff des Konstruierens verdeutlichen. Konstruieren bedeutet „sich etwas ausdenken" und/oder „etwas herstellen". Hier bedeutet dies, dass auch Wirklichkeit oder Realität für sich, unabhängig von den in dieser Wirklichkeit Lebenden, nicht existiert, sondern ausgedacht, hergestellt, konstruiert und ständig reproduziert wird durch Handeln, das auf Ideen, Normen und Interpretation basiert. Die menschliche Welt ist nicht rein materiell und naturgegeben, sondern ist sozial konstruiert und kann als eine „Welt in der Welt" beschrieben werden. Sie ist nicht ohne weiteres zugänglich, sondern wird sozial konstruiert. Der Konstruktivismus betont stark das Soziale und setzt dadurch einen neuen Schwerpunkt in den Internationalen Beziehungen.

I.2. Wo kommt Sozialkonstruktivismus her? – Ursprünge und Verortung

Der Sozialkonstruktivismus hat seine Ursprünge in der Soziologie und Kulturwissenschaft und ist keine Theorie der Internationalen Beziehungen, noch überhaupt eine Theorie im engeren Sinne. Konstruktivismus ist keine substanzielle inhaltlich angereicherte Theorie (Risse, S 101f), die konkrete Phänomene erklärt, sondern vielmehr auf der Metatheorieebene zu verorten (Krell, S. 346). Der Konstruktivismus zeichnet sich durch eine Mehrdimensionalität aus und bewegt sich zwischen unterschiedlichen Ebenen im „konstruktivistischen Dreieck" (Cornelia Ulbert in: Schnieder/Spindler, S.410f). Je nach Standpunkt und Schwerpunktsetzung liegen konstruktivistischen Ansätzen Vorstellungen über die Beschaffenheit des Untersuchungsgegenstandes zugrunde, die von der Konstruktion sozialer Wirklichkeit ausgehen (Ontologie). Ebenso liegen ihnen erkenntnistheoretische Orientierungen zugrunde, nämlich, dass auch Wissen sozial konstruiert wird (Epistemologie). Zuletzt ist Konstruktivismus eine Methode, die beschreibt und erklärt wie diese Konstruktionen zustande kommen. Konstruktivismus ist also je nach Blickwinkel Methode, Forschungsansatz oder allgemeine theoretische Orientierung.

I.3. Konstruktivismus in den Internationalen Beziehungen

Der Begriff „Konstruktivismus" setzte sich in den Internationalen Beziehungen Mitte der 1990er Jahre durch als Kennzeichnung derjenigen Ansätze, die das Soziale hervorheben und die Intersubjektivität der sozialen Welt betonen. Die Kodeterminiertheit der Akteure und Strukturen und die hervorgehobene Rolle von Ideen und Normen sind zentrale Elemente der sozialkonstruktivistischen Analyse.

Die Gründe für die Akzeptanz konstruktivistischer Ansätze in den Internationalen Beziehungen sind im Umgang mit dem Ende des Ost-West-Konfliktes zu suchen (Cornelia Ulbert in: Schnieder/Spindler, S. 412) Der Systemkonflikt nahm ein kaum vorhergesehenes Ende und konnte durch andere etablierte Theorien, wie dem Realismus, zur Verfügung stehenden Denkansätze nicht erklärt werden. Mit dem Ende des Ost-West-Konflikts einhergehende sozio-ökonomische Veränderungen wie die veränderte Rolle des Staates oder die verschiedenen Aspekte der Globalisierung verlangten zu ihrer Erklärung nach neuen Denkansätzen und lösten eine Infragestellung vorhandener theoretischer Grundlagen und Debatten über die Möglichkeiten des theoretischen Instrumentariums aus.

I.4. Alexander Wendt als Referenztheoretiker

Alexander Wendt (geboren 1958 in Mainz) ist einer der bedeutendsten Vertreter des Konstruktivismus und wird als Referenztheoretiker und Begründer des Konstruktivismus in den Internationalen Beziehungen bezeichnet. Er brachte entscheidende Impulse in die Theoriedebatte durch Aufsätze wie „Anarchy is what states make of it" oder „The Agent-Structure-Problem". Diese Schriften können nicht zuletzt als eine Kritik am Neorealismus verstanden werden.

I.4.1. Agent-Stucture-Problem

Einer der Kernpunkte des Konstruktivismus ist das Akteur – Struktur – Problem. Kern des Problems ist die Annahme, dass das Handeln von Akteuren immer in bestimmten Strukturen eingebettet ist. Wie aber hängen sie zusammen? Der individualistische Erklärungsansatz legt den Untersuchungsschwerpunkt auf die Akteursebene und nimmt vorrangig Bezug auf die Akteure und ihre Merkmale um soziale Phänomene zu erklären. Umgekehrt geht der strukturalistische Ansatz von den Strukturen aus, die das Handeln der Akteure bestimmen und in die es eingebettet ist.

Beide Ansätze sind für sich genommen eigenständige Erklärungsweisen, die zwar plausibel sind, für Alexander Wendt stellen sie jedoch nur Teilelemente einer umfassenden Erklärung dar. Wendt wirft beiden Ansätzen vor, die Komplexität der Realität unzulässig zu reduzieren, denn entweder werden Akteure oder Strukturen als gegebene Faktoren angenommen, nicht aber hinreichend erklärt (Cornelia Ulbert in: Schnieder/Spindler, S.417). Um das Dilemma zu überwinden, schlägt der Konstruktivismus eine Brücke zwischen diese gegenteiligen Herangehensweisen und stellt fest, dass Akteure und die Strukturen, in die sie eingebettet sind, sich wechselseitig konstituieren, also kodeterminiert sind (Zangl/Zürn, S.122f). Einerseits bedingen Strukturen Interessen und Handeln der Akteure, andererseits werden diese Strukturen durch die Akteure permanent reproduziert und aufrechterhalten durch ihr Handeln. Ihrerseits eröffnen und beschränken Strukturen Handlungsmöglichkeiten und bilden die Grundlage jeglicher Interaktion. Wie aber wird diese gegenseitige Einflussbeziehung erzeugt?

I.4.2. Regeln, Ideen und Normen

Ideen und Normen spielen eine herausragende Rolle in konstruktivistischen Ansätzen. Um ihre Bedeutung zu erfassen ist eine Metapher hilfreich: Wie Regeln im Schachspiel sind Regeln für das Handeln regulativ und konstitutiv, sie bestimmen die Rollen der Figuren und ihr Verhältnis zueinander und verleihen Zügen einen Sinn (Krell, S. 355). Normen bestimmen nicht nur das Handeln mit, sie könne auch Interessen und Identitäten beeinflussen.

Da die Welt den Akteuren durch Wahrnehmung und Interpretation zugänglich ist, kommen Ideen große Bedeutung zu. Akteure konstruieren und gestalten die Realität auf der Grundlage von Ideen und Interpretation und erweben dadurch ein Wissen über die Wirklichkeit (Krell, S.353).

I.4.3. Identitäten und Interessen

Identität ist das Selbstverständnis im Verhältnis zu anderen. Identität ist nicht psychologisch, sondern sozial und verhältnismäßig und bildet sich heraus Interaktionen, Umgang, Ideen, Interpretation und gegenseitige Rollenzuweisungen. Identitäten sind sozial konstruiert. Wendt unterscheidet zwischen sozialer oder kollektiver und korporaler Identität. Erstere wird durch gegenseitige Konstruktion der Wesensmerkmale erzeugt, letztere entsteht durch Merkmale, die den Staat an sich kennzeichnen.

Identitäten sind also soziale Konstrukte und dadurch wandelbar. Wie aber kann sich ein Wandel der Identitäten vollziehen? Wendt bietet vier Erklärungsfaktoren an, die gegeben sein müssen: Interdependenz, gemeinsames Schicksal, Ähnlichkeiten in institutionellen Merkmalen und Selbstbeschränkung, wobei letztere der entscheidende Faktor ist, denn erst wenn sich Staaten selbst handlungsbeschränkende Regeln auferlegen, zeigt dies, dass sie sich nicht länger bedroht fühlen und an ihrer Identität nicht mehr festhalten müssen. Sie bilden Institutionen, in denen Normen und Regeln verankert werden, die auf das Handeln, die Interessen und Identitäten zurück wirken. Institutionen werden als kollektives Wissen über sich und die Welt verstanden und existieren nie unabhängig von Identitäten. Institutionen und Identitäten bedingen sich also gegenseitig. Identitätswandel meint einen Prozess der Aneignung neuer Interpretationen der Realität und die Internalisierung von Normen. Da Interessen durch Identitäten bestimmt werden, deutet ein Identitätswandel einen Wandel der Interessen an.

Nationale Identitäten sind zwar ein soziales Konstrukt, haben aber nach Wendt eine materielle Grundlage. Vier Aspekte bilden den Kern kollektiver Interessen von verfassten Gesellschaften (Krell, S. 360): Physisches Überleben der Gesellschaft, Autonomie, wirtschaftliches Wohlergehen und kollektive Selbstachtung. Interessen sind soziale „Tatsachen, deren Objektivität sich aus intersubjektiven Verständigung ergibt, aus kollektiven Situationsbeschreibungen und Problemdefinitionen"

(Krell, S. 349). Ereignisse und Interessen müssen dargestellt und formuliert werden, um mit Bedeutung angereichert zu werden.

I.3.4. Anarchy is what states make of it

So lautet der viel zitierte Titel eines 1992 veröffentlichten Aufsatzes von Alexander Wendt. Dort setzt sich Autor mit der Beschaffenheit und Bedeutung der Anarchie auseinander, um staatliches Handeln zu beleuchten. Hier liegt die Annahme zugrunde, dass Strukturen nicht naturgegeben sind, sondern sozial konstruiert werden. Das internationale System ist als soziale Struktur zu verstehen, nicht als materielle. Wendt hinterfragt den neorealisischen Begriff der Anarchie als Naturzustand, sowie die Annahme der Logik der Anarchie und des daraus zwingend resultierenden Selbsthilfesystems, wonach Staaten Machtpolitik betreiben müssen (Krell, S. 358). Die anarchische Struktur ist zwar vorhanden, wird aber erst durch die Staaten konstruiert und mit Bedeutung angereichert. Es können sich unterschiedliche Varianten oder Kulturen von Anarchie herausbilden. Dies ist abhängig von der gegenseitigen Interpretation, die wiederum vom Grad der Internalisierung von Normen und der Institutionalisierung abhängig ist. Wendt unterscheidet drei Anarchiekulturen (Cornelia Ulbert in: Schnieder/Spindler, S. 424f): Die „Hobbe´sche" Kultur von Anarchie zeichnet sich durch eine niedrige Institutionalisierung und Internalisierung von Normen aus. Dabei nehmen die Staaten eine Identität als „Neider" an, identifizieren sich negativ miteinander und streben nicht nur nach relativen Gewinnen, sondern versuchen zu verhindern, dass andere Staaten ihre Interessen besser verwirklichen. Die „Locke´sche" Anarchiekultur weist einen mittleren Grad der Institutionalisierung und Internalisierung auf. Die Akteure nehmen eine Identität als Individualisten bzw. Egoisten an und identifizieren sich weder negativ noch positiv miteinander. Sie streben unabhängig von anderen Staaten nach absoluten Gewinnen. Die Institutionalisierung und Internalisierung von Normen ist in der „Kantianischen" Kultur von Anarchie ist hoch entwickelt; die Akteure nehmen eine teilweise gemeinschaftliche positive Identität an. Die Berücksichtigung der Interessen anderer Akteure fließt in die eigene Nutzenkalkulation ein.

II. Michael Barnett: Culture, Strategy and foreign Policy Change. Israel´s Road to Oslo. – Ein Beispiel sozialkonstruktivistischer Analyse

Der Autor geht in seinem Aufsatz der Frage nach, welche gesellschaftlichen Kräfte Israel zur Unterzeichnung der Oslo-Vereinbarungen am 13.9.1993 brachten und es Zugeständnisse an den langjährigen Feind machen ließen. Die entscheidende Leistung des damaligen Premiers Yitzhak Rabin (1992-95) sei die Konstruktion einer neuen nationalen Identität gewesen, die den Friedensprozess und den Abzug aus den besetzten Gebieten wünschenswert und legitim erscheinen ließ. Somit war kultureller Raum für den Friedensprozess geschaffen. Der Autor stellt drei Konzepte vor, anhand derer die Politik eines Staates durch die Akteure gelenkt und verändert wird (Barnett, S. 8f).

A) *Identität* ist das Selbstverständnis im Verhältnis zu anderen und befindet sich in einem fortlaufenden Verhandlungs- und Werdeprozess, besonders in Zeiten politischer Veränderungen. Wenn divergierende Selbstdefinitionen miteinander konkurrieren oder nicht länger mit veränderten Bedingungen vereinbar sind, kommt es zu einem Identitätskonflikt. Seit der Besetzung befindet sich Israel in einem solchen Identitätskonflikt. Traditionell prägen die Religion, der Zionismus als israelische Form des Nationalismus und die kollektive Erinnerung an den Holocaust die jüdische kollektive Identität, was unmittelbar mit der Vorstellung der permanenten Bedrohung und der Isolation verknüpft wird. Demgegenüber steht aber auch eine Identität als moderner liberaler und demokratischer Staat.

B) Die nationale Identität steht typischerweise in einem historischen Kontext. Die *Interpretation und Konstruktion der eigenen kollektiven Geschichte* ist ein Mechanismus, mit dem eine Nation ihre Identität konstruiert. Ein konstruierter Erzählstrang hebt die eigenen Wurzeln und kritische Ereignisse in der kollektiven Geschichte hervor und enthält daraus abgeleitete (wünschenswerte) Perspektiven für die Zukunft. Die Interpretation der Welt und die Motivationen der Akteure sind zwangsläufig an ihre Geschichte gebunden, denn die Vorstellungen über die Zukunft können nur aus Vorstellungen über die Vergangenheit entstehen.

C) Ereignisse müssen dargestellt und interpretiert werden, um sie mit Bedeutung anzureichern. Probleme werden interpretiert um ein gemeinsames Weltverständnis zu schaffen und um für bestimmte Politikrichtungen zu mobilisieren. *Darstellungen von Ereignissen* sind entscheidend für die Interessenbildung.

Diese Konzepte stellt der Autor in einen institutionellen Kontext; in Israel bilden Wahlen, Parteien und Koalitionen diesen Kontext, der Raum bietet für Debatten über die Identität und für die Bildung des nationalen Interesses.

Bei den Wahlen 1992 ist die Debatte um die nationale Identität in Israel offen ausgetragen worden. Yitzhak Shamir, der 1992 von Yitzhak Rabin als Premierminister abgelöst wurde, bettete die kollektive Identität in einen religiös geprägten, ultranationalen Geschichtsstrang ein und betonte stark die permanente existenzielle Bedrohung. Er beharrte auf den Verbleib der besetzten Gebiete unter israelischer Kontrolle; diese seien als Pufferzone eine unverzichtbare Sicherheitsgarantie. Das Ende des Ost-West-Konflikts sei für Israel irrelevant. Yitzhak Rabin hingegen betonte die israelische Identität als moderner liberaler und demokratischer Staat, der als zionistischer „Staat Israel", nicht als religiöses „Groß-Israel" erhalten werden muss (Barnett, S. 19f). Deshalb, und weil Frieden und Wohlstand die Interessen der Bevölkerung seien, müsse man sich von den besetzten Gebieten befreien um so dauerhaft einen Schritt in Richtung Frieden zu machen (Barnett, S.23f). Dauerhafter Frieden sei untrennbar mit dem Abzug aus den besetzten Gebieten verbunden. Rabin ordnete Israel in einen gemeinsamen Geschichtsstrang mit dem Westen ein unter Betonung der demokratischen Traditionen, und forderte auf, die Isoliertheit Israels zu überdenken. Diese Uminterpretation der Geschichte machte Israel weniger einzigartig und hob es aus seiner isolierten Position heraus. Zudem sei das Ende des Ost-West-Konflikts eine Chance kulturell und wirtschaftlich Anschluss an den Westen zu finden. Rabins Konstruktion der kollektiven Identität war untrennbar mit dem Friedensprozess und dem Abzug verbunden und spiegelte die Ansichten großer Bevölkerungsteile wider. Die Ermordung Rabins 1995 zeigte jedoch deutlich die Spaltung der israelischen Gesellschaft und ihren Identitätskonflikt.

Literatur

Krell, Gert: Weltbilder und Weltordnung. Einführung in die Theorie internationaler Beziehungen. 3. Aufl., 2004.

Schnieder, Siegfried/ Spindler, Manuela: Theorien der internationalen Beziehungen. 2. Aufl., Opladen 2006.

Zangl/Zürn: Frieden und Krieg. Sicherheit der nationalen und postnationalen Konstellation. Frankfurt/Main, 2006.

Hellmann, Gunther/ Wolf, Klaus D./ Zürn, Michael: Die neuen internationalen Beziehungen. Forschungsstand und Perspektiven in Deutschland. Baden-Baden, 2003.

Barnett, Michael: Culture, Strategy, and Foreign Policy Change. Israel's Road to Oslo, in: *European Journal of International Relations*, 5:1 (März 1999), S. 5-36.